Aux vents des solitudes

La collection *Poésies d'aujourd'hui* vous invite à poursuivre le voyage : d'autres auteurs, d'autres univers, un même souffle contemporain.

COLLECTION
Poésies d'aujourd'hui

Socratine

Aux vents des solitudes

UltraLetters

En application de l'art. L.137-2.-I. du code de la propriété intellectuelle, toute reproduction et/ou divulgation de parties de l'œuvre dépassant le volume prévu par la loi est expressément interdite.

ISBN : 978-2-39030-025-0
Bibliothèque royale de Belgique
Dépôt légal : D/2025/14.056/003
© 2025 UltraLetters, Beauraing, Belgique.
www.UltraLetters.com
contact@UltraLetters.com

À mes enfants, aux trois bijoux qui en dérivent,
au canapé défoncé, à la voiture embourbée
et aux parapluies oubliés…

VOIX DE VOYANTE

Une voix
Qui effeuille,
Orpheline résonance de mon âme tapie,
Ondulation qui trottine
Sur les méandres de ma vie.

Une voix
Qui murmure,
Mandoline traduisant mes peurs enfouies,
Frémissement qui peaufine
Le rôle d'acteur de ma vie.

Une voix
Qui rassure,
Opaline filtrant la lumière re-nourrie,
Frissonnement qui butine
Sur les questions de la Vie

CŒUR EN RADE

Le temps est si long depuis notre dernière incartade
Je n'ai plus de tracas, j'ai le cœur en rade.
Je voudrais te toucher, je voudrais t'embrasser
Mais ce pourri temps m'en a empêché.

J'ai la main orpheline
Elle ne caresse plus tes cheveux
Les sentiments me taquinent
Je revois ton visage heureux.

Le temps m'irrite, le temps m'apaise
Mais jamais ma pensée ne te laisse.
Sans aucun répit ton image me chatouille,
Petit coucou de la vie que plus rien ne souille.

Je me couvrirai du temps
Pour suivre le chemin
Mais je prendrai le temps
Pour aller te donner la main.

J'ai le cœur en rade et la peine quotidienne.
La douleur de l'autre est aussi la mienne
Et chaque petit bonheur donné
Sera un point de gagné
Contre ce temps si court et si long
Qui ne marque plus les heures ni les jours,
Ce temps abstrait qui nous désarme,
Qui fait que tu manques, mon petit bonhomme.

Tu m'obliges à sourire :
Je vivrai de tes fou-rires.
Le temps n'a pas eu le temps de te démolir :
C'est toute cette force que je veux offrir.

L'autre toi

Et si le souffle du vent me raconte ton histoire,
Par-dessus les océans, dans sa fontaine je vais y boire.
Et si le souffle du vent me raconte ton histoire,
Par-dessus les océans, tu seras l'image du miroir.

Il me dit que tu chantes
Des dièses, des soupirs, des bémols
Et que ta voix le hante, le guide pour qu'il batifole.
Il me dit que tu chantes au bout de la plage
Pour les cormorans et les sirènes pas sages.

Il me dit que tu parles
Les mots à l'endroit, en verlan,
Ceux qui ne construisent des rêves que pour les enfants.
Il me dit que tu parles avec les océans
Et raconte des histoires à tous les mécréants.

Il me dit que tu peins
Les touches d'arc-en-ciel,
La rosée, le soleil et la pluie et le vin
Il me dit que tu peins pour tous les pauvres gens
Qui se sont endormis une fois encore en pleurant.

Il me dit que tu danses
Enlacé dans ses bras,
Enflammant l'horizon de lambeaux de bonheur.
Il me dit que tu danses et la nuit et le jour
Il me dit que tu danses sans aucun détour.

Il me dit que tu aimes
Accrocher la lune montante
En regardant tes pieds courir dans les mirages.
Il me dit que tu aimes caresser les visages
Dessinés par les vagues,
Là où chante la mer, au bout de la plage.

Il me dit que tu aimes, il me dit que tu danses
Il me dit que tu peins, il me dit que tu chantes,
Il me dit que tu parles, il me dit que tu aimes.
Finalement, il me dit que tu vis.

Vivre avec le « sans »

Vivre avec le « sans »
C'est ce qui t'attend.
Certain jour ne devrait pas naître
Sans apporter de « larmomètre »

Un morceau de ta chair s'en va,
Et toi, pataud, tu restes là,
Bourré de rage et d'amertume :
Porte-drapeau du bonheur qui perd ses plumes

Le petit souffle de vie qui t'accompagnait
N'est plus rien, parti, envolé.
Tu le croyais acquis, apprivoisé.
C'est lui qui te domestiquait.

La vie ne te laisse pas le choix :
Elle s'en vient et puis s'en va
À son gré. Ses sbires sont des hors-la-loi
Et n'ont aucune peur de toi.

La loi du bonheur, ils ne connaissent pas.
La non-vie les guide aux pieds, aux pas.
La Faucheuse, superbe d'arrogance,
Plane, récrée : légèreté, fragrance.

Elle sera prise à revers, sans sommation.
Efface tes pleurs, gomme ta peine,
Elle n'aura pas toujours raison.
L'amour donné est plus fort que la haine

Le non-palpable sera présent,
Le sourire te reviendra.
Attend un peu, sois patient :
Ton p'tit bonheur sera toujours avec toi...

ÉPITAPHE

La vie dans un bol.

Un petit tas de cendres
Qui nous montre sans nous méprendre
Que plus le feu ne batifole !

>   Chaleur,
>   Douceur,
>   Bonheur,
>   Présence.

>   Absence.

Le rythme de la vie
Se résume à cela :

Un petit tas de cendres
Qu'on a éparpillées
Dans le vent pressé.

TE VOILÀ LÀ

Te voilà là,
De l'autre côté,
Si loin déjà
De nos yeux
De nos bras,
Et de nos vœux
Si terre à terre,
Tous orphelins
De nos papas
De nos amis,
De nos grands frères,
Et aussi parfois
De nos sœurs,
De notre mère.

Ce qui me gêne
Avec ce petit soldat
C'est qu'on n'a pas pu se dire
« *Je t'aime* »
Une dernière fois.

(Avril 2020, période Covid)

ATTENTAT

Il était là, debout,
Les bras ballants,
Se disant qu'il y avait à faire.
Il fallait commencer :
Mais par où ?

Il regarda autour de lui :
Les gens bougeaient
Dans tous les sens, sans trop réfléchir
Il fallait y aller :
Oui, mais où ?

Il était là, debout,
Le cœur aux lèvres
Une odeur acide l'embaumait.
Il fallait qu'il parte.
Mais où ?

Il regarda autour de lui,
Deux grands yeux vides.
Un chiffon rouge, par terre, traînait
Il fallait l'emporter...
Mais où ?

Il était là, debout,
Le cœur aux lèvres
Et les yeux vides
Les bras chargés du chiffon rouge :
Dedans un'petit'fille.

Les gens bougeaient
Dans tous les sens, sans trop réfléchir
Une odeur acide les embaumait
Alors il s'assit là où il était,
Regarda la robe rouge...

Il pleurait.

Yeux rubis

Un visage émacié,
Des yeux rubis,
Un petit crâne bombé :
Les rayons ont tout pris.

L'imaginaire, c'est cela aussi :
L'irréel devient réalité.
Aurais-tu imaginé que ce serait ainsi ?
Sans doute ses cheveux vont repousser...

Ce sera un jour ou peut-être une nuit.
Doit-on souffrir sans calculer
Pour savoir qu'on a grandi ?

De son petit visage émacié
Les yeux se sont fermés.
Repose-toi. Il s'en est allé promener
Dans la magie de l'irréalité.

L'ombre des nuits

Une porte se ferme
Sur un bonheur déchu
Une odeur se distille,
Te voilà disparu.

Senteurs de parfums subtils
Couleurs de jardin, pistils
D'une fleur de jasmin.

Mais où donc es-tu ?
Je voulais te toucher…
Le temps passe inlassable
Les aiguilles tournent, intraitables.

Ton image me fait face
Laisse-moi te regarder,
Viens, je vais te toucher.

Tu disparais insaisissable
Mais je te sens près de moi
Tu me protèges, je suis malade.

Ça me fait mal sans toi
Ça me fait mal comme ça.

La présence de ton absence
Marque mes pas sourds
Les nuages tirent sans détours
L'ombre des nuits, convalescence…

Je ne vis pas d'être moi,
Je vis de vouloir être toi
Cherchant la force et le courage
Dans les autres. Je suis lâche.

Mais où donc es-tu ?
Prête-moi encore un peu
De ton amour, je ferme les yeux.

Une odeur si subtile
Je suis bien, je suis deux
Ça y est, je t'ai vu.

MER À L'ENVERS

J'ai vu la mer à l'envers
Dans un ciel qui se découvre,
Comme une femme qui se dévoile.

J'ai vu ce tarmac qui se déroule,
Ruban de liberté illuminé
De ces amours à condamner.

Combien de femmes délaissées
Pour des amantes à aimer
Une heure, deux heures, une journée ?

J'ai vu la mer à l'envers
Dans un ciel qui se découvre
Comme une femme qui se dévoile.

J'ai vu l'aurore poindre
Et ses lumières tamisées
Par ses voiles qui se déchirent.

J'ai bu de ces gouttes de rosée
Qui rassasient une âme enrubannée :
J'ai commencé à te chercher...

PAR AMOUR

Je voulais te raconter l'Amour
Mais il y a eu des détours
Je n'ai rien pu t'expliquer
Tu vivais juxtaposé.

Je te souhaite le bonheur,
J'espère que tu seras à l'heure.
Il ne faudra pas recommencer
Ce que tu as si souvent manqué.

L'amour est la traduction de l'âme
Sois-y attentif pour ta compagne,
Tes gestes ne seront plus à galvauder.
Je te souhaite de vraiment l'aimer.

UN LIT FROID

Un lit froid, défait,
Froissé et chiffonné.
Un regard perdu,
Pendu aux paupières
Soufflées, gonflées.

Une bouche triste,
Monotone, serrée :
Elle qui a tant rit.

Une gifle cinglante,
Assassine, cassante.
Non, pas avec la main,
Ce serait trop facile.

Juste un mot
Sur un papier jauni,
Un mot tueur.
C'est tout ce qu'il a laissé.

LOIN DES YEUX

Des nuits sans sommeil
Et des sommeils sans lui
J'erre aux tournants de ma vie,
Sinueuse, tortueuse et folie.

Je voudrais être le diable,
Aller m'asseoir à ta table.
T'arracher la langue : délectable
Te crever les yeux : profitable
Te traîner dans la calomnie
Te bercer dans les insomnies
Et profiter auprès de tes ennemis
De toutes les faiblesses de ta vie.

Des nuits sans sommeil
Et des sommeils sans nuits,
J'erre aux tournants de ma vie
Sinueuse, tortueuse et polie.

Je voudrais être chérubin
Être près de toi le matin
T'apaiser d'un revers de main :
Te réconforter serait divin.
T'apporter ma force, c'est certain
Te cajoler jusqu'à avoir faim
Et profiter auprès de tes copains
De toute ta joie de boute en train.

Des nuits sans sommeil
Et des sommeils sans nuits
La vie en a voulu autrement
Mais je t'aime tout simplement.

Vers un autre chemin...

Aux jours écornés
De ces moissons fleuries,
La lumière éculée
Se cogne à l'automne meurtri.

Sentiments guillochés
Sur des lambeaux de guipure,
Les goulées essoufflées
S'échappent en légère fumure.

BESOIN DE CONFIANCE

Je n'ai pas ta verve
Je n'ai pas ton arrogance
Si tu savais ce que je réserve
Tu ne me mettrais pas en souffrance.

Les mots que tu dis si bien
Changent chaque jour mon destin.
Ils font mal, ils me cassent,
Ils sont forts, ils me tracassent.

Je n'ai pas de haine,
Je n'ai plus de pleurs
Je voudrais un gros pull de laine
Et rester dedans durant des heures.

Tes gestes de chaque jour,
Les banalités au quotidien,
Tu les répètes sans amour,
Crois-tu que ça fait du bien ?

J'ai besoin de ta confiance
C'est un mot qui vient du latin.
Mais en connais-tu la contenance,
L'as-tu appris quand tu étais gamin ?

Tu jongles avec les mots poings
Qui blessent, qui font mal.
C'est toujours avec un témoin.
Mais qu'est-ce qui te fait mal ?

Les rancœurs qui te blessent
Ne me sont pas destinées
Mais qui est donc cette maîtresse
Qui t'a ainsi blessé, cassé ?

Tes silences sont encore plus forts
Pourquoi refuses-tu d'en parler ?
Je sais que je suis parfois en tort
Mais devons-nous nous déchirer ?

FUGUE

L'horloge traîne,
Le temps fugue.
Le mimosa jauni,
L'hellébore bravache,
Le lierre est en train...
Le temps fugue.
Le pré reverdi.
La cascade panache.
Un arc-en-ciel
Flamboie ses dérives.
Le temps fugue,
L'horloge traîne.
Les aiguillent n'arrête pas.
Le temps fugue
Sans toi, évanescent.
Il ne t'attendra pas.
Le temps fugue
Et fuguera
Longtemps encore,
Toujours et encore.

DÉDAIN

Et les mots que je ne dis pas
Ne t'assassineront pas
Mais sache que dans ma pensée
Je t'ai déjà tué.

Tu n'aurais pas dû exister
Sauf pour me contrer
Et sache que si tu es né
C'était pour me prouver...

Que la vie que je vivais
Était plastique et robotique,
Que la vie que je voulais
De l'amour en bombe atomique.

Et voilà que je refuse le duel
Que tu vas donc gagner
J'ai ouvert les yeux
Et vais me retirer.

LE POIDS DE LA LIBERTÉ

Et puisque désormais
Votre Liberté nous sépare,
Comment faudra-t-il gérer
Le Bonheur devenu si rare ?

Ces moments que je vous consacrai
Ne dépendaient pas de votre présence
Mais chaque geste, chaque souhait
Étaient marqués par vos absences.

Et pourtant des heures entières
J'attendais votre venue
Pour laquelle mon âme altière
Souhaitait se mettre nue.

Vous avez sans doute remarqué
Que mon cœur s'est resserré
Non pas que l'amour s'en soit absenté
Mais je l'ai, peu volontairement, comprimé.

Et voilà qu'au fil du temps
Vous me manquez toujours autant
Et puisque je gère aussi votre liberté
J'en reste malgré tout ébranlée.

COMPLICES

Une main qui caresse,
Une peau qui se tend,
Une bouche qui paresse,
Un corps nu qui attend.

Et le silence éclate,
Se jouant de la lumière
Inondée de paillettes dorées,
Porteuses de murmures.

Les yeux mi-clos et le souffle profond
Ils ne sont pas à leur première saison.
Remplaçant les grandes effusions,
Leur regard sert de trait d'union.

Un doigt qui taquine,
Une peau qui se granule,
Un rire qui se frelate
Et se glisse dans un soupir.

Une tendresse qui traîne
Et se suspend dans la lumière
Sentiers des âmes viagères
Cascades de bonheurs bohèmes.

Une bouche qui se butine,
Un soupir qui éclate
Un corps ému qui se prend
Et la lumière qui se frelate...

C H O C

Je ne me suis pas inquiétée
Du jour qui se levait
Je me suis juste couchée
Et je t'attendais.

J'ai pensé
Que tu rentrerais...

C'est un arbre que tu embrassais.

ARRÊTE ÇA

Lorsque tes yeux s'enflamment
Et que ta voix gronde
Et que les murs s'effacent
Et que mon geste reste suspendu
Une boule nauséeuse
Se promène jusqu'à ma gorge
Et tu me fais honte.

Je n'ai pas fait de bêtises
Quoique tu en dises.
Je n'ai pas fait de faux pas
Mais tu ne le croiras pas.
Ta colère est à toi :
Je ne la partagerai plus.
Mais dis-moi juste, papa,
Pourquoi ton cœur est plein de pus ?

Lorsque ton cœur s'enflamme
Et que ta voix gronde,
Que le ciel s'assombrit
Et que tout mon être transit,
Une peur affreuse, nauséabonde,
Me fait un corps tout petit :
Je me sens bien seul au monde.

Je n'ai pas fait de bêtise
Quoique tu en dises.
S'il te plaît, papa,
Pour une fois, arrête ça

PIANO BAR

Et sur le clavier jauni
Les doigts s'encouraient
Elle voulait chanter sa vie
Et personne n'écoutait.

Derrière le mur de l'hôtel,
Les sables jouaient dans le vent
Mais qui donc était-elle
Depuis si longtemps ?

Dans l'embrasure de la porte,
Il s'est arrêté, troublé.
Aucune autre voix ne transporte
Le message des oubliés.

Derrière les murs immobiles,
Les sables jouaient dans le vent.
Mais qui donc était-il
Depuis si longtemps ?

Il ne connaît plus son passé
Une vie s'est effilochée.
La chanteuse a déjà flairé
Qu'il en était exproprié.

Elle aussi est naufragée.
Elle chante seule au piano
La chance de vivre sans passé
Sera pour eux leur cadeau.

AU REVOIR...

Comme je suis curieuse
De savoir ce qu'à l'homélie
Vous direz.
Elle ne sera pas longue...
J'ai, par chance, peu d'amis.
Je vous prie de sélectionner
Pour éviter le bénitier
À ceux venu me dire « *au revoir* »
Quand « *bonjour* » n'était pas au répertoire.
Comment faire, direz-vous ?
Facile : juste ceux au mouchoir sec et doux.
Comment dire, ferez-vous ?
Facile : revenez ce soir
Elle sera dans le trou.
Et leur béate admiration
Les verra en bataillon
Attendre sandwiches et boissons
Alors que je ne serai que cendres
Leur encombrant
Leurs trous de nez.
Revenez demain et aussi les autres matins
Car je ne sais si vous savez
Elle aurait aimé une vraie amitié.

COINS DE VIE

Il y a des coins de vies
qu'on ne dérange pas.
Il y a les petites questions
qu'on ne pose pas.
Il y a des cris rauques
qu'on n'écoute même pas.
Il y a les orages noirs
qu'on ne regarde pas.

Mais la tristesse déborde
Du cœur de cet homme
Perdu, solitaire, hors normes
Seul dans la vie monocorde.

Mais la tristesse s'accroche
Aux pas de cette petite
Saignant les trottoirs, les porches
Seule dans une vie estourbie.

Il y a surtout
Des coins de vies
Qu'on ne dérange pas.

CRÉPUSCULE

Comme une tendre fiancée
La mer se tapisse
De couleurs mordorées.

Comme une douce épousée
Ses eaux se lambrissent
De nuages cendrés.

Alors, le ciel énamouré,
Dans un souffle qui bruisse,
Embrase les flots délassés.

Pudeur d'une glissade
Au plus profond des eaux,
Adrénaline de l'estocade,
Grondement sourd d'un chaos.

Et les mouettes se taisent,
Les cormorans se posent
Et les vents se caressent
Enlacement des amants de braise.

VERGER

Le silence vivant
Répond aux courbes apaisantes.
La Terre respire.

L'écume frissonne :
Alanguie, la lune s'étire.
La nuit émeut.

La branche peu droite
Tend vers le ciel
Ses bras amoureux.

Il n'y a rien.
Juste la couleur de l'air :
Senteurs, embruns

Une peau fripée
Couvre le poirier :
Les ans s'éteignent.

ÊTRE L'AUTRE

Être les mains de l'autre
Quand les gestes désordonnés
Parsèment sans hésitation
Une vie coulant entre les doigts.

Être les yeux de l'autre
Quand les portillons à peine ridés
S'ouvrent sur une nuit trop claire
Où ne se reflètent aucune oasis.

Être la mémoire de l'autre
Quand il a des papillons dans la tête
Et que le vent traverse en courant
En emportant les idées fragiles.

Être l'autre et n'être personne
Quand finalement il vous quitte
Pour visiter les jardins de l'Éden
Assis sur les bras de vent oasien.

ÉVASION

Elle est là, si seule
Et le feu ronronne.
Elle se ferme les yeux :
Les lettres s'envolent,
D'autres histoires se cousent.
Les jacasseries les décousent.
Le livre se ferme.
Les pages se cornent...

Elle en a lu des mots,
Elle en a bu des noms
Des amours sacrifiées
Des héros oubliés.

Elle est là, si seule
Et le feu ronronne.
Elle se ferme les yeux :
Elle est héroïne.
Ses vies s'entrecroisent :
Les fins sont si belles.
Les pages s'entremêlent.

Elle en a bu des mots.
Elle en a volé des noms...
Des histoires empruntées,
Des amours sublimées.

Mais le feu s'éteint.
Les paupières se lèvent.
Une nuit sans fin
A pris la relève.

LILAS

Il y avait un cendrier
Sur la table
Et quelques volutes de fumée
Agréables.

Un bouquet de lilas,
Des graminées et des bleuets.
Des fleurs assises là.
Je ne savais pas qu'elle partirait.

DIVA

Entre Tramontane et opéra
Plus jamais diva ne chantera,
Le souffle des grandes orgues
Menant la ronde de la morgue.

Une voix si faite et si construite,
Sage, attendant la suite.
Le vent se calmera.
Diva, quand seras-tu là ?

Les caprices de dame nature
Ont même bouffé sa tessiture.
Dis donc, diva, soigne-toi
Fais-nous briller ton aura.

Entre opéra et Tramontane,
Couleur peau diaphane,
Dis-moi diva que tu chanteras
Et que tu ne le feras que pour moi !

Entre Tramontane et opéra
Diva a fait ce choix :
Le vent la portera
Aux ouïes des dieux à quia.

LARMES D'ARC-EN-CIEL

Des larmes d'arc-en-ciel,
Gouttes de chaque matin,
Subtile rosée providentielle
Te nourrissant vers ton destin.

Fragrances de bonheurs,
Éclats de Vie au quotidien
« Souffrance pied-de-biche » de chaque heure,
Énergie gonflant comme un levain.

IVRESSE

Non Monsieur l'agent, je ne suis pas saoule.
Je suis ivre de ces mots qui se perdent dans la négligence et
la paresse. Je titube de tristesse de voir mourir les nuances et
les tonalités. Je suis triste de savoir que du mot « *maman* »
on a fait « *nique ta mère* » alors que le bon sens et la
philosophie nous offraient une idéologie de vie.

Non Monsieur l'agent, je ne suis pas saoule.
Je suis ivre de ces sentiments qui ne s'évaporent plus des
pores de la peau alors que « *balance ton porc* » devient une
devise.

Non Monsieur l'agent, je ne suis pas saoule.
Je suis triste de savoir cette griserie monétaire qui endeuille
les sans défense alors que les sans scrupule s'engrossent de
vie maquillées, empruntées, de vies volées.

Non Monsieur l'agent, je ne suis pas saoule.
Je suis juste un peu fatiguée, grisée aux confins du peu
acceptable, rognée aux tains de vos miroirs aveugles à la
détresse humaine, rongée aux humides rancœurs de la
déchéance quotidienne.

Non Monsieur l'agent, je ne suis pas saoule.
Donnez-moi juste quelques minutes et puis je marcherai sur
cette ligne imaginaire que vous seul, petit représentant de
l'ordre (tout autant que je représente le désordre) poserez en
acte civique, inconscient d'être porteur d'haleines fétides
posées sur le tarmac noir. Rassurez-vous, je marcherai pour
vos statistiques

Non Monsieur l'agent, je ne suis pas saoule.
J'ai beaucoup de chance...la ligne est continue et ne vous autorise pas mes sauts sur la pointe des pieds
Je marcherai et ...je penserai.

Sans doute que le plaisir me viendra d'égrener, de semer, de partager...et de sautiller au gré de votre lubricité pour mieux éradiquer votre perversité...

MOMENTS D'ÉTÉ

Ces moments d'été
Où les voix s'éclatent
Aux voûtes étoilées.

Ces moments d'été
Où les souvenirs relatent
Aux mémoires oubliées.

Une odeur, un instant
Et les images se bousculent,
Trop pressées de passer
Ces portes qu'on pensait fermées.

Il ne fallut que peu de choses :
Un instant de fatigue,
Un espoir de repos,
Mon corps qui se pose
Sur ce fauteuil au bras cassé.

Et c'est la déferlante...

Une odeur, un instant.
Et le souvenir me bouscule,
Trop refreiné,
Pour ne pas éclabousser
L'hébétude dans laquelle j'avais plongé.

Il a oublié de se lever
Et personne n'a remarqué…
Sa paillasse est restée là.
Surtout ne le dérangez pas
Car cette nuit,
Comme les autres nuits,
Il a dansé,
Il a chanté
Et surtout il a bu.
Et cette nuit
Comme les autres nuits,
Il a dansé,
Il a chanté.
Personne n'écoutait…
Alors, il s'est tu.

Il s'est glissé sur sa paillasse
Par dessous son pardessus.
Il avait juste laissé passer
Quelques orteils, des bouts de pieds.

Et puis ses potes sont arrivés.
Durant des heures, il a rigolé.
Dans son sommeil un peu troublé :
C'est sans doute eux qui racontaient
Qu'il devait tout quitter.
Bien sûr qu'il y pensait
Mais les gens autour de lui,
Même si eux s'en foutaient,
Ceux-là, il les aimait.

Mais il aimait aussi les voyages
Ceux qu'on fait sans se fatiguer

Sans jamais trouer ses souliers,
Sans jamais avoir froid aux pieds.
Des moments de rêve avec d'anciens humains
Qui vous tiennent par la main
Et vous tirent vers un autre destin.

Dans son sommeil un peu troublé
Il a oublié de rigoler
Il a oublié de se lever
Et personne n'a remarqué
Son sourire d'ancien humain vagabonder
Sur la petite route du Grand Chemin.

MÈRE DE MARINS

Elle est là, debout
Sur le bout de la falaise
Et les embruns la fouettent.
Et ricanent les mouettes...

Elle fait face au vide
De l'absence si longue déjà.
Le temps dessine des rides
Qu'aucun sourire ne maquillera.

Et son regard perce l'horizon.
Elle fait face aux vents
Et les vagues, blancs moutons
Ne lui renvoient pas ses enfants.

Est-elle folle ? Est-elle ivre ?
Va-t-elle encore vivre ?
Peut-on supporter l'abandon
Du geste caressant leur menton ?

Et les embruns fouettent les mouettes
Et le temps maquille les manques
Et l'ivresse est folle du manque de vie
Et l'horizon dans la vague s'endormira...
Et pourtant...
Elle est là, debout
Face aux vents de la falaise
Et les mouettes ricanent
Et les mouettes ricanent...

DIALOGUE MUET

Une femme soupire
Dans le silence
Et le monde s'enfouit

La quiétude s'installe
Et ses entrailles se reposent
Et son regard
Dans le miroir
Se pose

Soupir et sourire
Se croisent
Et larguent les amarres

Vallauris, 16 novembre 2013
Après la visite de l'exposition « Jean-Jacques LAURENT,
dialogues poétiques »

MOITIÉ DE DEUX

Garder la tête haute
Lorsque le dos fléchi
Et que parmi les autres
On se sent tout petit.

Les épaules voûtées
D'avoir trop porté
Un cœur anéanti
Jusqu'à l'asphyxie.

Par les yeux fermés,
Ne plus devoir regarder
Et enfin se souvenir...
Sans doute une hérésie.

Si nos forces se décuplent
Lorsque l'on partage,
Notre âme s'atrophie
Quand l'autre fait ses bagages.

Vivre sans la moitié de deux
C'est un peu survivre dans un monde boiteux.

POSER NUE

Veux-tu bien t'asseoir
Et surtout poser, nue ?

N'ôte pas tes vêtements.
Je veux juste savoir
Pourquoi tu es ambigüe ?

Femme forte et crâneuse,
Je te sais douce et amoureuse.
Quelle est la face du miroir
Que tu offres à un aimant ?

Prête-moi ton âme
Que j'y trouve mon antre !
Prête-moi ta main
Que je me pose dedans !

CLODO

Je me suis encore fait plaquer
Comme un bijou trop bon marché
Ma bourgeoise aussi m'a entubé
Comme cheminée galvanisée
Mais l'État est toujours fidèle
Persévérant, continuel
Il vous quémande quelques euros
Et il n'en n'a jamais de trop.

Les poches crevées, le nez en l'air
L'air dégagé, l'œil débonnaire
Je m'suis assis su'l'container
Le nez bouché, c'est à crever
La savonnette en bandoulière
Qui ne s'use que si elle sert.

Le vieux litron couleur de sang,
Sang de la vie qui s'est enfuie
Vous abandonne quand il est vide
Vous êtes rej'té dorénavant
Par les bourgeois, les bien-pensants
Les charités bien ordonnées
Les "rejetés" faut pas r'garder.

Le cabas plat, les pieds au froid
Du ventre vide je suis le roi
J'erre dans ce tournant de ma vie
Mais qu'est-ce qu'il est vide ce caddie
Contributions et TVA
ONSS et Saint Blabla
Ils se r'tournent pas quand tu tends l'bras.

L'ACTEUR

Qui donc es-tu,
Toi qui me regardes ainsi ?
Et toi, l'autre assis à côté ?
Qu'attends-tu de moi ?
Que je me donne en spectacle
Comme un gladiateur dans l'arène ?
Attends-tu de moi que j'écorche
Les mots que je vais prononcer ?
Attends-tu de moi que je mêle
Les rimes par d'autres écrites ?
Attends-tu que je m'accroche le pied
Dans ce tapis sur la scène déroulé ?
Veux-tu me voir transpirer ?
Veux-tu m'entendre me taire
Car les vers j'aurais oubliés ?
Qui donc es-tu pour ainsi attendre
Que le rideau se replie
Après les trois coups frappés ?
Attends-tu que je déshonore
Ceux qui parfois sont déjà morts
Sans avoir été entendu ?
Est-ce donc pourquoi tu es là ?
Comment ?
Non ?
J'en suis heureux !
Attends-tu de connaître
Ce que d'autres ont écrit ?
Oui ?
Alors, assied toi, regarde, écoute,
Rempli toi de joie, de bonheur et de rire.
Mais surtout, je t'en prie
Ne ronfle pas si tu t'endors.

La danse de l'AVC

Juste un coup de grisou
Sous les tempes heurtées.
Plus aucun pioupiou
Dans un cœur tronqué.

Les vitres des yeux opaques.
De l'extérieur, plus d'attaque.
De sa vie en couleurs et laques
Rien d'autre que le tic-tac
Des moments la retenant
Aux sourires des amants
Aux sueurs suaves
Et bonheurs coups de sang.

Juste un coup de grisou
Sous les tempes heurtées.
Plus aucun pioupiou
Dans un cœur tronqué.

Les souvenirs se baladent.
Une vie pour une aubade,
Des notes en cavalcade,
Des sentiments en ruade.
Le temps n'a plus d'espace
Et saute les paragraphes.
Tout revient, tout se dégrafe.
Une magie de chorégraphes.

Juste un coup de grisou
Sous les tempes heurtées.
Plus aucun pioupiou
Dans un cœur tronqué.

Le temps n'a plus d'espace
Et mêle les paragraphes.
Litho de vie olographe,
Symphonie de chorégraphes.

La musique s'estompe
Et mêle les paragraphes
Pour attendre dans l'ombre
Que les notes se fondent.

POUSSIÈRE D'OR

Poussière d'or
Sur des pages jaunies
Poussière de vie
Dans une âme flétrie
Le vieux tilleul
Te protège de toi
Te voilà seule
Sans lui, sans voix

Poussière de rancœur
Poussière de bonheur
Dans une âme remplie
Des absences du présent
Ton ivresse dans la folie
Tu ne peux, tu t'en défends

Il est parti
Dans la lumière
Il est parti
Et toi tu erres
Cruauté du présent
Bâtie au fils des ans
Légèretés du passé
Tu ne peux pas oublier

Poussière de lumière
Sur des pages jaunies
Les insouciances d'hier
Te protègent du temps
Ta vie n'est pas finie
Il te manque un peu de temps

Poussière d'or dans la lumière
Poussière de vie et toi tu erres
Seul le vieux tilleul
T'es resté fidèle

SOUFFLE, L'AMI

Une pipe refroidie
Dans une barbe endormie,
Le menton alangui
Sur un ventre rebondi,
Les doigts croisés
Pour le repos mérité,
Souffle l'ami,
Le vent peut t'emporter.

REMERCIEMENTS

Merci à ceux et celles qui m'ont fait naître à l'écriture, à ce besoin d'exprimer la vie et ses ressentis, les coups de blues, les coups de gueule, les coups de pinard, les moments d'émotion, les fous rires et les tristesses profondes.

Merci à ces gaies luronnes et Marc qui s'autorisent des frissons lorsque je leur offre les premiers jets au crayon dans cet atelier de poterie chez Colette.

Merci à chaque personne qui lira et pourra s'évader dans les nuages de mots pour des pluies torrentielles de lettres.

Pas de parapluie, pas de parasol, je vous souhaite juste de l'évasion en apesanteur dans le temps.

Merci à Éric d'avoir créé UltraLetters. Succès à toi.

Itinéraire poétique

.

Imprimé à la demande sur du papier certifié FSC® par Libri Plureos GmbH, Friedensallee 273, 22763 Hamburg, Allemagne.

UltraLetters est un éditeur engagé dans la préservation de l'environnement. Nous privilégions du papier issu de forêts gérées de manière responsable, et évitons les stocks inutiles afin de limiter le gaspillage des ressources naturelles. Chaque exemplaire est imprimé avec soin, dans une démarche durable et respectueuse de la nature.